DÉTAILS OFFICIELS

DES CÉRÉMONIES

QUI ONT ÉTÉ OBSERVÉES

AU PALAIS DE SAINT-CLOUD,

LE DIMANCHE 4 SEPTEMBRE 1808,

Au sujet de la Présentation à Sa Majesté l'Empereur et Roi, Protecteur de la Confédération du Rhin, de son Excellence Askar-Kan, Ambassadeur extraordinaire de Perse,

Suivis d'une description abrégée du Royaume de Perse, du Caractère, des Mœurs, des Habitudes et des Usages de ses Habitans.

A PARIS,

Chez PETIT, Libraire, Palais-Royal, galerie de bois, côté du jardin, n°. 257.

1808.

ÉPÎTRE

DÉDICATOIRE

A MADAME DE L.....Y,

NÉE C...... DE B......L.

MADAME,

J'ai l'honneur de vous faire l'hommage de cette petite production, fruit de mes loisirs, et digne peut-être d'occuper un moment les vôtres.

Je souhaite que votre goût pour la lecture puisse en être satisfait autant que je le suis moi-même, lorsque j'ai le bonheur de trouver l'occasion de faire quelque chose qui vous soit agréable.

Je suis avec respect,

Madame,

Votre très-humble et très-obéissant serviteur,

D.........

DÉTAIL DES CÉRÉMONIES

QUI ONT ÉTÉ OBSERVÉES

LE 4 SEPTEMBRE 1808,

AU PALAIS DE SAINT-CLOUD,

A l'occasion de la Présentation, à Sa Majesté l'Empereur et Roi, de son Excellence Askar-Kan, Ambassadeur extraordinaire de Perse.

« AUJOURD'HUI dimanche, Son Excellence Askar-
» Kan, ambassadeur extraordinaire de Perse, a eu sa
» première audience de sa majesté l'empereur et roi au
» palais de Saint-Cloud.

» A dix heures du matin, son excellence le grand
» maître, un maitre et un aide des cérémonies sont
» allés chercher l'ambassadeur à son hôtel avec six
» voitures de la cour, attelées chacune de six chevaux
» et une escorte de cinquante hommes à cheval, et l'ont
» conduit au palais de Saint-Cloud.

» Les premières voitures renfermoient les présens :
» dans une autre voiture étoient le premier secrétaire
» de l'ambassade, l'aide des cérémonies et l'interprète
» de l'ambassadeur ; la voiture suivante étoit occupée
» par leurs excellences l'ambassadeur et le grand maître
» des cérémonies ; par le maître des cérémonies et l'in-
» terprète de sa majesté. Les deux neveux de l'ambas-
» sadeur et les autres officiers de sa suite étoient placés
» dans les voitures de son excellence, qui suivoient celle
» de l'empereur.

A

» Son excellence a été introduite avec les formalités
» accoutumées dans le salon du Trône où étoit l'empe-
» reur, entouré des princes, des ministres et grands
» officiers, des officiers de sa maison et des membres
» du sénat et du conseil d'état.

» Son altesse sérénissime le prince vice-grand-élec-
» teur, remplissant les fonctions d'archi - chancelier
» d'état, a présenté à sa majesté l'ambassadeur qui,
» après avoir fait trois profondes révérences, a prononcé
» en persan un discours qui a été traduit immédiate-
» ment par l'interprète de sa majesté.

» Son excellence a parlé ensuite au nom du prince
» héréditaire de Perse.

» L'audience finie, l'ambassadeur a fait trois nouvelles
» révérences et s'est retiré dans le salon de Mars, où
» étoient les présens portés sur des plateaux par des
» Persans. Lorsque sa majesté s'est rendue à la messe,
» l'ambassadeur, à son passage, lui a offert ces présens,
» parmi lesquels on remarquoit le sabre de Tamerlan
» et celui de Thamas-Kouli-Kan.

» Son excellence a été accompagnée et reconduite à
» son hôtel dans l'ordre qui avoit été observé à son
» arrivée ».

Après avoir donné les détails officiels de la présentation de l'ambassadeur de Perse, nous avons cru intéresser un grand nombre de lecteurs en ajoutant sur
ce royaume les notes suivantes auxquelles les circonstances actuelles doivent donner quelque prix. Elles
méritent d'autant plus de confiance qu'elles ont été
puisées dans les meilleures sources et dans les ouvrages
des voyageurs les plus modernes.

POSITION

DU

ROYAUME DE PERSE.

Nombre de ses Provinces. Ses principales Capitales. Qualités de son Territoire. Ses Productions. Ses Rivières. Ses Mines. Ses Montagnes. Sa longueur. Sa largeur. Habillement, Nourriture de ses Habitans. Leur Mariage. Leur Religion.

La Perse est bornée au nord par la Tartarie indépendante; à l'ouest, par la Turquie d'Asie et le golfe Persique; au sud, par l'Océan indien, et à l'est, par l'Inde : elle est divisée en quatorze provinces, et ses principales capitales sont *Chamaki*, *Erivan*, *Tauris*, *Ferabad*, *Candahar*, *Ispahan*, et *Schiraz*.

Les contrées qui confinent au Caucase et aux montagnes voisines de la mer Caspienne, sont froides par l'influence de la neige dont ces montagnes sont ordinairement couvertes.

Dans les provinces du milieu de la Perse, l'air est très-pur, serein et porte l'âme à la gaieté; mais dans les provinces méridionales, il est chaud et répand quelquefois des exhalaisons nuisibles.

Le terroir voisin de la Tartarie et de la mer Caspienne, aidé par la culture, produit du blé et de fort bons fruits. Au sud du mont Taurus, qui coupe la Perse dans toute sa longueur, le pays abonde en grains, en vins excellens, et en productions de nécessité ou de luxe; il donne également de l'huile en abondance, du séné, de la rhubarbe et les meilleures drogues : on y recueille aussi des melons, des légumes, des dattes, des oranges, des pistaches et une grande quantité d'excellente soie. La chair du mouton n'est nulle part d'une qualité aussi bonne, grâces à l'excellence des pâturages, et la toison de cet animal est très-recherchée à cause de son extrême finesse.

Il y a peu de rivières navigables. Les plus considérables sont le *Kur* et l'*Aras* qui se jettent dans la mer Caspienne.

Les fontaines sont très-rares. Mais dans les cantons où cette privation est le plus remarquable, on y supplée parfaitement par le moyen de réservoirs, d'aqueducs, de canaux et d'autres constructions très-ingénieuses.

Ce pays a des mines de fer, de cuivre, de plomb, et surtout de turquoises. Les montagnes contiennent du soufre, du salpêtre, de l'antimoine, et les carrières près de Tauris renferment du marbre rouge, blanc, noir et vert.

La Perse qui a 490 lieues de longueur, et 350 lieues de largeur, contient à peu près 165 mille lieues carrées, et passe pour être fort peuplée.

Les habitans de l'un et de l'autre sexe sont en général beaux, grands et bien faits. Ils sont polis, affables, spirituels et curieux.

Leur habillement approche de celui des Turcs, mais il est moins ample, moins volumineux, moins gênant, plus serré sur le corps ; il consiste ordinairement dans une robe, fendue par les côtés, retenue par une très-belle ceinture, et qui cache presqu'entièrement les vêtemens de dessous. Ils portent fort peu de linge ; l'ambassadeur qui vient d'être présenté, couche ordinairement dans de superbes schalls de Cachemire, qui lui servent aussi de chemises : il se baigne souvent, prend beaucoup de café, et se nourrit généralement avec du lait, des fruits, des confitures, des

espèces de gâteaux de riz ou de fleur de fa-
rine, très-minces, peu cuits, auxquels il joint
quelques viandes, mais apprêtées de manière
à pouvoir être divisées sans le secours d'un
instrument tranchant, parce que l'usage de
couper ce que l'on mange est proscrit chez
les Persans.

Leur mariage se fait de la manière suivante,
et celui qui a fourni ces détails à l'auteur, en
a été témoin plusieurs fois.

Lorsque les parens d'un jeune homme ont
formé la résolution de le marier, ils cherchent
dans leur famille un parti qui convienne ;
après l'avoir trouvé, ils vont chez les parens
de la jeune personne qu'ils ont en vue ; si son
père consent au mariage, il fait aussitôt servir
des confitures, des sorbets, et d'autres boissons
très-agréables. Le prétendu fait ensuite les présens ordinaires, qui, à l'égard des personnes
d'un état médiocre, consistent en deux habille-
mens complets, une bague, un miroir et une
bourse qui contient assez d'argent pour pouvoir fournir aux besoins de la femme pendant
un certain tems, en cas de divorce. Le futur
époux donne aussi des objets d'ameublement,
tels que des tapis, des nattes, un lit, de la
vaisselle, de la batterie de cuisine, et avant

lé contrat qui se passe par-devant le cadi, il reçoit à son tour, de sa prétendue, une chemise de nuit en forme de schall, un bonnet, et une boucle de ses cheveux aromatisés avec de l'essence de roses, qu'il fait tresser, quelque tems après son mariage, avec un nombre égal de poils de sa barbe, et que les deux époux portent alternativement sur la poitrine en signe de leur attachement réciproque.

Les Persans suivent la religion de Mahomet et sont pour la plupart de la secte d'Ali. Il se trouve aussi parmi eux des Chrétiens attachés à l'hérésie de Nestorius, et des Payens qui adorent le feu, et que l'on appelle *Parsis* ou *Gaures.*

Le livre sacré le plus révéré parmi eux est le *Shaster* qu'ils attribuent à Zoroastre, un de leurs philosophes.

Leur langue est mêlée d'un grand nombre de mots arabes, comme le prouvent les ouvrages de leurs plus célèbres poëtes, Fergusi, Saadi, et surtout ceux de Hafiz, tous marqués au coin du génie, et respirant la plus douce et la plus naturelle volupté. Nous espérons que M. le général Gardane nous procurera pendant son ambassade à Téhéran, quelques extraits des poésies de ce dernier savant,

que nous nous empresserons de publier aussitôt qu'ils nous seront parvenus.

Nous finirons cet article par une mention
des antiquités et des curiosités de la nature
et de l'art.

Les monumens de l'antiquité, en Perse,
sont plus célèbres par leur magnificence et les
sommes qu'ils ont coûtées, que par leur beauté
proprement dite et le goût qui les a dirigés.
Ce qui a dû étonner surtout les voyageurs,
avant le quatorzième siècle, époque où les
troupes de Tamerlan s'emparèrent d'Ispahan,
étoit le fameux palais de Persepolis, dont il
n'existe plus que dix-neuf colonnes de quinze
pieds environ de hauteur, et faites d'un très-
beau marbre de Paros.

On découvre dans plusieurs parties de cet
empire des ruines de quelques autres anciens
édifices, mais dénués de cette élégance qui
caractérise l'architecture grecque. Les bains
de Gomron font des cures si merveilleuses
qu'ils tiennent un rang distingué parmi les
curiosités de la Perse, et l'on ne peut fouler
aux pieds, sans un étonnement mêlé de quelque crainte, le terrain combustible situé à
quatre lieues de Baku, ville au nord de la

Perse. Ceux de nos lecteurs qui ont parcouru
la Solfatara aux environs de Naples, se feront
facilement une image de cette curiosité, et
ceux que les circonstances ou le hasard pour-
ront conduire dans la ville de Baku, ne doivent
pas oublier d'aller voir les sources du fameux
Naphta, qui sont citées souvent dans l'Histoire
naturelle pour leurs qualités surprenantes. Ils
feront bien aussi de se rendre à Ispahan, la plus
grande, la plus belle des villes de tout l'orient,
celle où les sciences sont le plus cultivées, et
à laquelle on donne quatre lieues de tour. Ils
verront dans cette ville une place qui passe
pour une des plus belles de l'Asie ; plusieurs
palais magnifiques , entre lesquels domine
celui de l'empereur, qui a plus d'une lieue
de tour; plus de cent belles mosquées décorées
avec un art admirable, et qui, sous ce rap-
port, représente sous les yeux les belles églises
de Rome; plus de quinze cents caravanserais
immenses, près de deux cents bains , de fort
beaux bazars, des colléges spacieux, un nombre étonnant de cafés, et trois cents rues
remplies de canaux, dont les côtés sont bordés
de très-hauts platanes. Ils verront surtout avec
étonnement les trois quarts des cent mille
habitans dont cette ville est peuplée, presque

toujours en mouvement, jour et nuit, pour leurs affaires de commerce ou leurs besoins.

Comme il est peu de savans qui n'aient ouï parler des poëtes Saadi et Hafiz, dont nous venons de faire mention, quoique leurs ouvrages ne soient connus que par des extraits assez infidèles, nous croyons faire plaisir à plusieurs d'entre eux, en leur rappelant l'épitaphe du premier, composée par lui - même, et trouvée dans les papiers du major Macolm, ancien ambassadeur anglais en Perse, dont le nom sera connu long - temps à raison de la magnificence qu'il a déployée dans la mission importante qu'il y a remplie.

Épitaphe du poëte Saadi.

« O passant ! toi qui foules aux pieds ma cendre, » rappelle - toi combien d'hommes vertueux m'ont » précédé dans la tombe. Que doit redouter Saadi en » devenant poussière ? Il n'étoit que poussière tant qu'il » a vécu ; il s'est humilié vers la terre, et aujourd'hui » il est comme l'air qui environne le globe ; il ne restera » pas long-temps poussière ; les vents disperseront ses » restes dans tout l'univers. Cependant depuis que le » jardin de la science fleurit, aucun rossignol n'a chanté » des notes plus douces. Il seroit étrange qu'il ne fleurît » pas une seule rose sur la tombe de ce rossignol ».

Nous regrettons infiniment de ne pouvoir faire connoître l'épitaphe du poëte Hafiz que les Persans ont eu la maladresse ou la négligence de ne pas faire graver sur sa tombe , et qui est composée, dit-on, en style oriental d'un genre très-agréable. Cet auteur né à Schiraz , s'exprime ainsi sur cette ville renommée de tous temps par le nombre des savans qu'elle a produits..... « Ne dis pas de mal de Schiraz , ni des eaux » du Rooknée , car Schiraz est comme une » mouche sur la joue de l'univers ».

Entre autres désirs, qui respirent une gaieté un peu licencieuse , ce même poëte exprime dans un de ses vers celui d'avoir du vin de deux ans et une maîtresse de quatorze. Les sages ont prétendu par des raisons qui leur sont particulières , que par ces expressions il entendoit Mahomet et le Koran. Quoi qu'il en soit, le nom de ce poëte aimable n'est jamais prononcé qu'avec la plus grande vénération, et nous souhaitons vivement que le général Gardanne, à son retour en France, puisse enrichir notre littérature d'une traduction fidèle des principaux ouvrages de cet auteur.

Mosquées, Purifications, Prières, Enterre-
mens, Prédicateurs, Justice, Esclaves,
Bonnes œuvres des Persans.

Les Persans, qui sont regardés comme hé-
rétiques par les Turcs de la secte d'Omar, ont
cependant avec eux beaucoup de rapports dans
leurs usages, dans leurs mœurs et dans leurs
habitudes; leurs mosquées, grandes ou petites,
selon les différens lieux où elles se trouvent
placées, consacrées à l'exercice de la religion,
présentent des édifices ordinairement de forme
carrée, et presque tous bâtis en pierre; entourés
de tours élevées, du haut desquelles on annonce
au peuple le moment de la prière, ils sont
pour la plupart couverts en plomb, et l'on en
voit plusieurs ornés de dorure. Aucune femme
ne peut y mettre le pied, et les hommes même
n'y entrent que déchaussés et avec le plus
grand respect. Il y a auprès de ces mosquées
presque toujours un bâtiment dont celui qui
en est le chef fait les honneurs, où les étran-
gers sont logés et nourris pendant plusieurs
jours, et où l'on donne même aux pauvres
des vêtemens à leur sortie. Il y règne la plus

grande propreté ; et si quelque ministre du sheick ou chef de la foi apperçoit deux Persans causer d'affaires profanes dans ces temples, il a droit, en cas de récidive, de faire engager leur cou dans une perche fourchue aux deux extrémités, longue au moins de six pieds, et de les laisser ainsi plusieurs heures dans l'impossibilité de se rapprocher davantage. Nous ne parlons pas des vols qui pourroient s'y commettre, parce qu'il est fort rare que quelqu'un s'en rende coupable ; ce qui est arrivé cependant, et ce qui a donné lieu à une loi qui prescrit de couper le nez, les oreilles et les ongles jusqu'au sang à ceux qui feroient la plus petite infidélité dans ces lieux de recueillement. Le vol sur les grands chemins est puni d'une manière bien plus terrible encore, puisque l'on ouvre le ventre au criminel et qu'on l'expose en cet état sur un gibet dans un des quartiers de la ville les plus fréquentés, où il reste jusqu'à ce qu'il expire.

Les ablutions ou purifications se font plusieurs fois par jour, et les Persans leur attribuent autant de vertu que les Turcs ; ils se lavent trois fois les mains, la bouche, le nez, les oreilles, tout le visage, enfin les bras, mais jamais au-dessus du coude, et les pieds ;

cela étant fait, ils promettent à Dieu de ne plus pécher, et croient que les paroles dont ils se servent sont capables, étant prononcées avec ferveur, de rendre leurs âmes aussi blanches que le lait. L'eau dont ils se servent doit être très-pure, et s'ils en manquoient par quelque cause que ce fût, ils pourroient se servir de terre et s'en frotter toutes les parties désignées ci-dessus. Ils lavent également les corps morts avec le plus grand soin. L'intérieur de la bouche, surtout, est nettoyé scrupuleusement et sans proférer un seul mot, depuis qu'un sheick du second ordre s'étant permis de dire qu'il étoit sans doute sorti bien des médisances de la bouche de la femme qu'il lavoit, en fut mordu, dit-on, jusqu'au sang, et fut obligé de se faire couper le doigt qui ne tenoit plus qu'à quelques filamens.

La prière se fait plusieurs fois par jour comme en Turquie, mais sans croiser les mains sur l'estomac, comme le font les sectateurs d'Omar : il est permis de la faire en tous lieux, et ceux qui se trouvent en voyage la font où ils sont, même en rase campagne, à l'heure accoutumée, c'est-à-dire, avant le lever du soleil, à midi, à trois heures, après le coucher du soleil, et enfin à deux heures de nuit.

Les femmes ne peuvent prier dans la mosquée, à cause des distractions que les hommes pourroient en recevoir ; elles prient sous des portiques qui sont autour des mosquées ou dans leurs maisons, et se couvrent la tête d'un voile blanc par respect pour les esprits célestes qui assistent à ces prières, et que plusieurs croient tellement appercevoir, qu'elles ont les yeux fixés sur eux pendant toute la prière, et qu'elles les saluent plus ou moins respectueusement, selon le degré de familiarité qui règne entre ces anges et ces bonnes femmes.

Les enterremens se font ordinairement avec pompe, quand on connoît les fonds qui y ont été destinés par ceux qui ont eu le soin de s'en occuper, lorsqu'ils sont vieux ou à l'extrémité. Le corps, après avoir été bien lavé avec de l'eau commune très-propre, l'est une seconde fois avec de l'eau rose, et on a grand soin d'en boucher tous les conduits avec du coton. Tous ceux qui assistent à l'enterrement se présentent tour à tour pour porter le corps, et récitent, les yeux à demi-fermés, les prières qui sont ordinairement imprimées sur le drap mortuaire. Les bières des filles sont couvertes de leurs plus beaux habits et de fleurs de toute espèce.

Après que le corps a été placé dans la fosse, tous les assistans s'éloignent à quelque distance, laissant seul le ministre, qui, après quelques prières secrètes, interroge le défunt sur son état présent, sur la douceur de son repos; et il n'est pas rare, disent certains dévots, d'entendre une voix plaintive répondre exactement aux questions du ministre, qui finit par souhaiter un bon voyage au défunt, et le couvre de terre.

Les prédicateurs prêchent ordinairement trois fois la semaine, et expliquent au peuple les livres saints. Assis dans une espèce de chaire, sur leurs talons, ou les jambes croisées comme tous leurs auditeurs, ils enseignent aussi les œuvres méritoires, et il y en a de tant d'espèces qu'elles sont innombrables. Les principales consistent à faire la charité, à donner la liberté aux esclaves, à assister aux enterremens, à faire faire des fontaines sur les grands chemins, à payer les dettes des prisonniers, à porter un cure-oreilles dans son bonnet pour les conserver propres, une racine de mauve

mauve pour se nettoyer les dents, et à se raser le poil des aisselles. Plusieurs de ces prédicateurs imitent quelquefois les Santons que l'on voit souvent en Turquie et en Egypte : ils ont de grandes boucles d'agate aux oreilles ; pour vêtement, quelques mauvais haillons, un bonnet de drap ou de feutre ; à une main ou à leur ceinture, un gros chapelet ; ils sont armés d'un grand bâton surmonté d'une main d'ivoire ou de bois, pour s'en gratter où leurs propres doigts ne peuvent atteindre, ou pour ne point les souiller par l'attouchement de quelque partie.

La justice est regardée en Perse comme établie de droit divin, et ils l'ont, à cet égard, en grande vénération. Elle est rendue en général avec la plus grande exactitude et sans perdre de temps, comme dans la plupart des Etats policés ; mais les bouchers, les revendeurs, les crieurs dans les ventes, les marchands d'esclaves peuvent être récusés dans leurs témoignages, et leurs preuves sont censées de nulle valeur à cause du mensonge qui est presque inséparable de leur profession. Ceux qui peuvent être admis comme témoins jurent la vérité des faits qu'ils allèguent contre les accusés par Dieu seul et par la pureté des livres saints; mais pour que la sentence soit rendue d'après ce serment, le juge exige des preuves de la bonne vie et des mœurs régulières de ces témoins.

On ne peut détenir en prison personne au-delà du temps qu'il a été porté dans le ventre par sa mère, et si après ce temps il est déclaré insolvable, ses créanciers peuvent s'emparer de tout ce qu'il a, et même des habits dont il est revêtu. Si un marchand ou un tailleur avoit vendu quelques hardes à quelqu'un qui ne voulût ou ne pût les payer, il pourroit le contraindre en justice de se dépouiller des vêtemens qu'il lui aurait vendus, et les reprendroit pour son paiement. Si jamais cette loi est en vigueur à Paris, les marchands et les tailleurs auront bientôt une garderobe assez considérable pour fournir des habits à tous les fripiers et à tous les revendeurs de l'Empire.

Les esclaves sont tellement la propriété des personnes qu'ils servent, que ces dernières peuvent en faire ce que bon leur semble, sans qu'elles puissent être attaquées en justice. Il arrive cependant que les esclaves, après avoir averti le juge, se plaignent de leurs maîtres quelquefois, et que le juge

oblige le patron à vendre ceux dont il a re-
connu les plaintes fondées.

Les esclaves qui prennent la fuite ou que
l'on dérobe sont restitués à leurs patrons lorsque ceux-ci parviennent à les retrouver. La
punition des premiers consiste à être bâtonnés
rudement pendant plusieurs jours, ou à porter
au cou, plus ou moins de temps, une grande
fourche de fer extrêmement lourde ; mais cette
dernière punition est fort rare, car ils blâment
les Turcs, qui se permettent de l'infliger à leurs
esclaves.

Les bonnes œuvres des Persans sont en très-
grand nombre, et il seroit à désirer que la
plupart fussent pratiquées dans tous les pays
policés ou qui se flattent de l'être.

Craindre de tuer un poux ou une puce
même lorsqu'ils mordent, donner à manger et
à boire à tous les animaux qui peuvent en
manquer, ôter les pierres des chemins pour
empêcher les blasphêmes de ceux qui pourroient se heurter contre elles, ramasser les
papiers qui se trouvent dans les rues de crainte
que le nom de Dieu, qui pourroit y être écrit,
ne fût profané, faire des prières à la vue de
la nouvelle lune, consoler les affligés, sou-

lager les malheureux, sont autant d'œuvres méritoires à ajouter à celles dont nous avons fait mention en parlant des prédicateurs, et d'un très-grand prix, soit pour l'avantage des vivans, soit pour le soulagement des âmes qui sont censées souffrir.

Les savans croient à l'astrologie judiciaire, et n'entreprennent rien d'important sans avoir consulté les devins, qui sont en très-grand nombre, et dont la profession est fort lucrative. Il est inutile d'essayer de les convaincre de l'absurdité de leur croyance; l'empire du préjugé est sans bornes chez eux. On m'a raconté que le roi de Perse ayant été averti par ses astrologues que le trône étoit en danger, si l'on ne nommoit pas un autre roi pour quelque temps, fit revêtir sur-le-champ son fils des habits royaux, et le mit à la tête d'une expédition contre le Khorasan. Il détourna ainsi l'influence de sa mauvaise étoile, et reprit ensuite le sceptre.

Il est d'usage en Perse de faire un présent à un supérieur toutes les fois qu'il vous a aidé de son crédit ou de son autorité dans une affaire. On auroit peine à croire à quel degré de bassesse les nobles persans peuvent descendre dans de pareilles occasions : ils font tous leurs efforts pour vous faire savoir ce dont ils ont envie, et ils s'informent de la valeur des présens que vous comptez leur faire : ils refusent sans façon, sans délicatesse un cadeau, lorsqu'ils ne le trouvent pas suffisant, et l'inférieur est obligé de redoubler de libéralité pour faire oublier et pardonner cette offense.

Les jardins des grandes villes de la Perse et surtout des environs de Schiraz, de Tauris, d'Ispahan ont une grande réputation, et les Persans s'y plaisent beaucoup. Les ombrages et les ruisseaux leur donnent la plus vive joie, et c'est-là qu'ils se délassent de leurs affaires, qu'ils passent des journées entières à fumer, à pêcher, et à entendre réciter les odes de leurs poëtes favoris : ils emploient également des nuits entières à boire des vins exquis, des liqueurs, et les femmes, qui fument comme les hommes, participent à ces fêtes.

Les bains publics sont magnifiques, et on peut en jouir à très-bon marché. Cinq jours de la semaine sont désignés aux hommes, et deux aux femmes. L'opération de se baigner prend une heure, et celle de se peindre la barbe, les mains et les pieds en emploie une autre. Tous les Persans se peignent la barbe en noir, et un grand nombre se teint les mains en rouge foncé, comme le prouvent la plupart des personnes attachées à l'ambassade qui vient d'être présentée.

Les Persans aiment tellement les bains qu'ils disent dans un de leurs proverbes, qu'on ne doit jamais aller dans un endroit où il n'y a ni magistrat, ni médecin, ni bains. Leurs médecins cependant ne sont pas meilleurs que leurs peintres, qui font leurs études d'après quelques mauvais modèles de peintres chinois ou anglais qu'ils admirent comme des chefs-d'œuvres. Quant aux médecins, ils croient que toutes les maladies proviennent de froid ou de chaud, et le guiseng est le seul remède qu'ils emploient.

Les Persans se plaignent souvent de ce que le temps passe trop vite. Cependant leur inaction et leur désœuvrement pendant la plus grande partie de la journée devroient la leur faire trouver longue. Toute leur occupation, au moins dans les villes, consiste, après les cinq prières quotidiennes, à boire, à manger et à fumer, les jambes croisées, pendant des heures entières, sans dire un mot.

Les Persans qui servent dans la cavalerie s'exercent continuellement à se jeter, les uns aux autres, au grand galop, un bâton de quatre pieds de longueur. Celui auquel on jette ce bâton l'attrape en l'air, le jette à son tour, ou bien, se baissant jusque sous le ventre de son cheval, il laisse voler ce bâton par-dessus sa tête. Ce bâton, appelé jureed, est lancé avec assez de force pour casser le bras d'un homme : ils s'exercent aussi à voltiger, à tirer de la carabine en plein galop, et cet exercice est d'autant plus curieux à voir, que ceux qui s'y livrent déploient une force et une adresse dont les Européens n'ont pas d'idée : ils sont bien éloignés d'être propres dans leurs vêtemens dont ils changent rarement, si ce n'est certains d'entre eux, qui ne portent pas moins la même chemise pendant un mois entier.

Les femmes, lorsqu'elles sont chez elles, ne portent absolument qu'une espèce de chemise de mousseline, de gaze ou de soie, et des pantalons de velours fort épais, ce qui pourroit faire croire au premier abord, et dans une chambre peu éclairée, qu'elles ont emprisonné leurs jambes dans deux sacs. Quant à leur délicatesse et à leur modestie, elles ne méritent pas plus d'éloges que la douceur de leur langage qui ne peut être plus grossier ni plus dégoûtant : ce dont elles font parade, ce sont leurs grands yeux, sur lesquels elles mettent de la poudre d'antimoine pour les faire paroître plus vifs et plus tendres.

On sait que la loi de Mahomet permet à un homme d'épouser autant de femmes qu'il peut en nourrir ; aussi, comme l'ambassadeur qui vient d'arriver à Paris est fort riche, en a-t-il quatre-vingts, dont il n'a amené que les dix plus jeunes, qui étoient encore, à leur départ de Perse, entre les mains de la duègne qu'il est d'usage de donner aux jeunes mariées pour les diriger dans leur conduite.

Le roi de Perse actuel a des manières nobles, affables, séduisantes, et possède la véritable beauté des Persans ; sa figure est distinguée, et sa barbe noire a près de deux pieds de longueur, ce qui est très-estimé en Perse, et fait un sujet d'admiration continuelle. Il a plus de cinquante enfans, dont plusieurs sont nés le même jour, un nombre étonnant de femmes, qui varie très-souvent ; et il peut mettre sur pied, en temps de guerre, trois cent mille hommes, dont cinquante mille de cavalerie.

Ce prince encourage la littérature ; il est fort instruit lui-même, et on le regarde générale-ment comme l'auteur de la composition suivante, que nous avons cru pouvoir intéresser un moment nos lecteurs :

« O ma bien aimée ! si tu déployois tes beautés à Wamik, il sacrifieroit sa vie sur l'autel de tes perfections. S'il voyoit tes charmes, il ne penseroit plus à Zuleka. Viens à moi et comble mes vœux, sans me renvoyer toujours au lendemain. Quand la maîtresse de Khakan s'approcha de lui avec cent grâces, un seul regard captiva son cœur.

» Lorsque j'eus donné mon cœur, elle commença à être cruelle, en appelant sa tyrannie fidélité. Tes yeux ne méritent pas leur nom, car ils sont une source d'affliction. Ta haute taille trahit ta fierté. Je ne me plaindrai jamais de toi, ô mon amour ! ta cruauté peut être convenable. Dispose de ma vie ; car ce que j'ambitionne le plus est de périr de la main de ma maîtresse. Khakan a veillé auprès de ta demeure jusqu'à un âge avancé, et cependant tu as la méchanceté de le nommer infidèle ».

Les nobles jouissent de plusieurs priviléges comparativement à la classe du peuple. Un domestique ne peut jamais porter de plainte contre eux, et s'ils refusent de payer un marchand, celui-ci a la plus grande peine d'obtenir justice et perd souvent sa créance.

Un musulman peut répudier sa femme sans alléguer aucune raison de divorce: les femmes, au contraire, ne peuvent l'obtenir que pour mauvais traitemens ou autres motifs bien reconnus comme valables. Les époux peuvent ainsi se séparer jusqu'à trois fois; mais ensuite il faut qu'une femme ait été mariée à un autre homme et séparée de lui, pour que le premier mari, qui en a été séparé trois fois, puisse la reprendre.

Plusieurs voyageurs prétendent que l'on peut se marier en Perse pour un temps limité, un mois, un jour, une heure même, ajoutent-ils, si l'on veut. Mais nous n'avons pas assez de renseignemens sur ce fait singulier pour le garantir.

Les marchands en Perse sont une classe d'hommes intelligens et laborieux; ils ne craignent aucune peine lorsqu'il s'agit de gagner de l'argent. Plusieurs d'entre eux font des voyages dans l'Inde et à Cachemire, pour acheter des schalls; mais ce qui dégoûte la plupart et leur fait employer leur argent à construire des bâtimens qu'ils louent pour le commerce, c'est l'inconvénient de ne rentrer dans leurs fonds que trois ans après qu'ils ont vendu leurs marchandises.

Chaque marchand en détail paie une taxe à la police tous les mois. Mais de tous les impôts, le plus considérable est celui que paient les courtisannes ou danseuses ; elles sont sous la direction immédiate du gouverneur : il en tient un registre exact par noms, âges et demeures. En cas de mort ou de mariage de l'une d'entre elles, le remplacement se fait aussitôt. Ces femmes sont divisées en plusieurs classes, et chaque classe habite une rue particulière.

En parlant de la force et de l'adresse étonnante des Persans qui savent monter à cheval d'une manière peu commune ailleurs, si ce n'est chez quelques Arabes, nous avons oublié un tour de force qui suppose une agilité qui tient presque du prodige, c'est de sauter, même dans le plus grand galop, et de se retourner, avec la vitesse de l'éclair, sur leur selle, pour lâcher un coup de carabine à un ennemi qu'ils supposent les poursuivre.

Les habitans de Schiraz passent pour les plus distingués de toute la Perse ; l'opinion publique leur accorde un avantage décidé sur les habitans d'Ispahan, qui passent à leur tour, peut-être sans motifs, pour être rusés et trompeurs. Mais ce qui est vrai, c'est qu'ils sont humbles et polis avec leurs supérieurs, et même leurs égaux, lorsqu'ils attendent de ceux-ci quelque service plus ou moins important ; mais ils sont arrogans, fiers et même brutaux avec leurs inférieurs.

Certains Français, connus par leur humeur enjouée et leurs saillies spirituelles, pourroient regarder comme nés dans leur province, abstraction faite du langage et de la couleur basannée, plusieurs Persans fort sujets à se vanter des choses qu'ils n'ont pas faites, et qui ajoutent à cette fanfaronnade, produite sans doute par l'influence de la Garonne, un amour désordonné pour les flatteries, lors même qu'ils savent qu'on leur ment.

Il n'est pas rare aussi de les entendre faire des complimens exagérés aux gens pour les tourner ensuite en dérision au moment où ils peuvent le faire avec sûreté.

Un Persan n'admire presque jamais rien de ce qui appartient à un autre ; mais quand il s'agit de ce qui le regarde ou de ce qu'il possède, il ne trouve pas de termes assez forts pour rendre son admiration. Il ne fait jamais un compliment qui ne soit exagéré : il dira à l'un, la Perse est devenue un jardin depuis que vous l'habitez ; à l'autre, la Perse elle-même toute entière n'est pas digne de vous. A celui-ci, Ispahan a perdu son principal ornement depuis que vous l'avez quitté. A celui-là, votre présence à Schiraz faisoit plus de bien que la chaleur et la lumière du soleil, et mille autres absurdités du même genre.

On a remarqué que le caractère d'une langue pouvoit dans mille circonstances aider à connoître celui de la nation qui la parle, et l'on peut faire à ce sujet deux observations relativement aux Persans. Si l'on excepte la langue des Marattes, disent certains voyageurs bien informés, il n'y en a pas une seule dans laquelle les différentes nuances du vol et de la rapine soient indiquées par un plus grand nombre de mots propres que dans le persan, ce qui indiqueroit peut-être la disposition habituelle de ce peuple. La seconde observation donnera l'idée de sa propreté. Il existe dans sa langue un mot qui désigne un essuie-main, parce que, comme il mange la viande avec ses doigts, il est absolument obligé d'avoir un linge pour s'essuyer une fois ou deux par repas, ce qui n'est pas trop; mais ce même linge fait l'office de mouchoir de poche lorsqu'ils en ont besoin en mangeant, et ils n'ont pas de mot qui réponde à celui de mouchoir;

meuble fort inutile, répond gravement un Persan, puisque la nature toujours bonne, toujours prévoyante nous a donné des doigts pour le remplacer.

Je termine cette description par le passage suivant d'un ouvrage du général Macolm, mais je déclare formellement que je le regarde comme exagéré, et je ne me permettrois pas de le citer, si l'auteur n'étoit un homme digne de foi, et connu pour avoir habité plusieurs contrées de la Perse pendant long-temps.

« Les Persans, dit-il, n'ont aucune idée
» de la reconnoissance, car ils ne croient
» point à la générosité ; toutes les fois qu'ils
» sont témoins d'un acte de vertu, ils l'attri-
» buent à un motif d'intérêt caché ; ils rai-
» sonnent en cela par analogie et d'après leur
» sentiment intime.

» Les philosophes ont dit que quelques
» menteurs des plus déhontés disoient au
» moins dix vérités pour un mensonge. Il n'en
» est pas ainsi chez les Persans ; ils ne pensent
» jamais à la vérité que lorsqu'elle peut servir
» leurs intérêts, et ils ont coutume de s'enve-
» lopper d'un tissu transparent de faussetés,
» dont le fil est si délié et se croise de tant

» de manières qu'il est impossible de le dé-
» brouiller. Enfin la généralité des individus
» de ce peuple se livre à un libertinage dé-
» goûtant, et les crimes qui dégradent l'huma-
» nité ne sont pas rares parmi eux.

» Je puis affirmer avoir rendu justice aux
» Persans. Je n'ai pas voulu m'étendre sur
» leurs vices dont j'aurois pu donner un grand
» nombre d'exemples ; mais il est impossible
» d'en faire d'autre éloge que de dire qu'ils
» sont polis, hospitaliers, et que plusieurs
» cultivent avec succès les sciences et les
» belles-lettres.

» L'habitude affoiblit, sans doute à leurs
» yeux, leurs torts, ou peut-être n'en soup-
» çonnent-ils pas la gravité ; mais il est diffi-
» cile de les excuser entièrement, puisqu'ils
» ont des lois religieuses, civiles et criminelles
» qui condamnent les excès auxquels ils se
» livrent, les vices qui leur sont devenus ha-
» bituels et les crimes qu'ils commettent ».

Nous formons les vœux les plus sincères
pour que de nouveaux renseignemens nous
mettent à portée de corriger le tableau peu
flatteur que l'auteur de ce passage a fait de
la nation persanne, dont nous voyons avec
le plus grand intérêt plusieurs individus dans

cette capitale. Nous remplirons cette tâche avec d'autant plus de plaisir que les circonstances de l'ambassade actuelle auprès de notre grand et magnifique souverain, le premier héros de son siècle, nous font espérer une alliance solide et avantageuse avec cette nation qui, mieux gouvernée, peut aspirer au rang le plus élevé, et donner, avec le temps, le démenti le plus formel à ses détracteurs; nous sommes d'autant plus éloignés d'en faire partie, que nous aimons à croire qu'elle possède le germe de toutes les vertus et de toutes les qualités sociales, et que tous les Persans qui sont établis à Paris, ainsi que ceux qui viennent d'y arriver, ont des mœurs et des manières qui feroient honneur aux peuples les plus policés.

FIN.

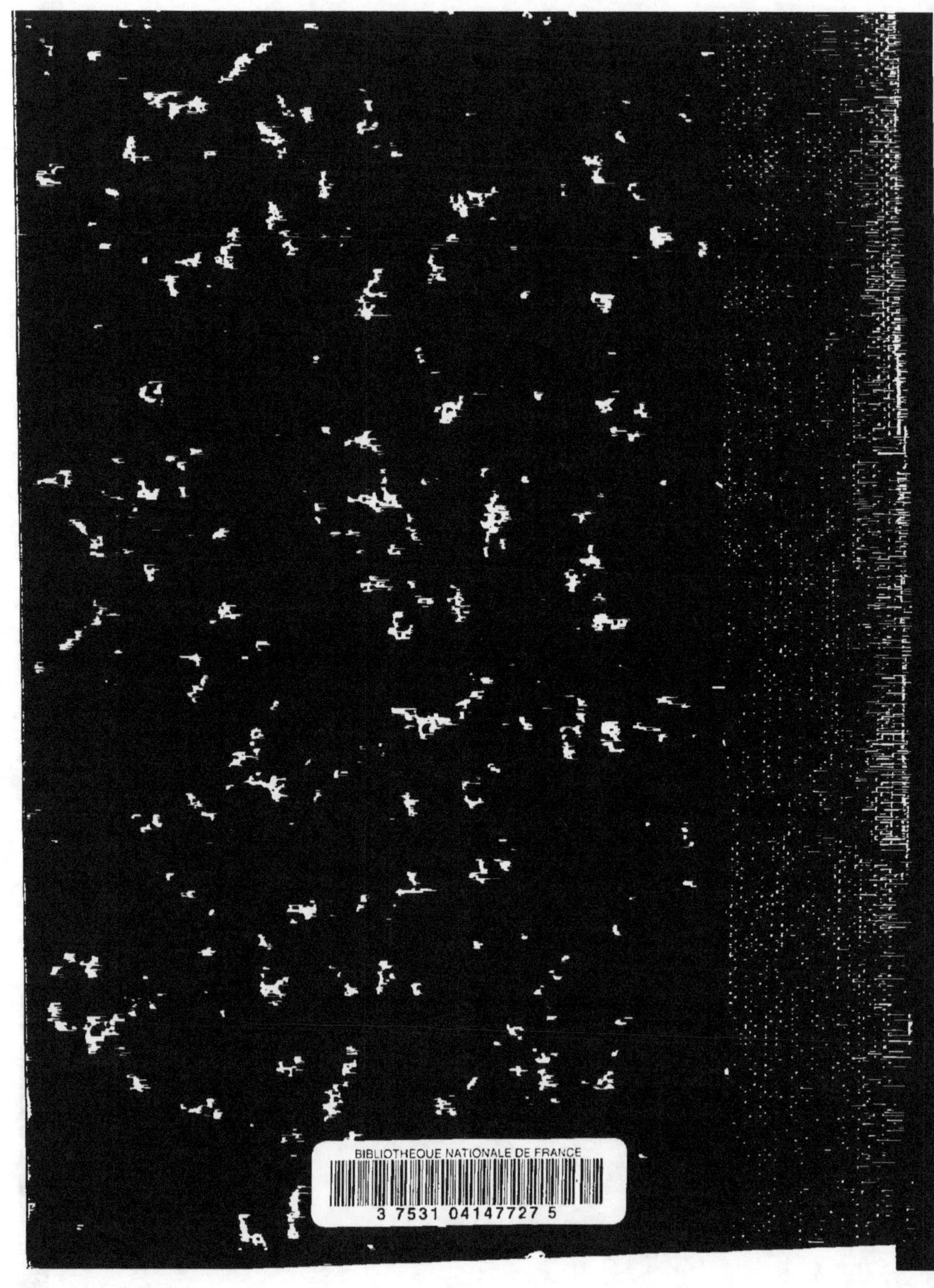